Gottfried Böttger
Norbert Hoppermann

Frö-höliche Weihnacht

Beswingtes zum Fest

Mit Audio-CD

Gütersloher Verlagshaus

Inhalt

An einem kalten Abend im Jahre 2008

Herzlich danken möchten wir

Gottfried Böttger, der spontan und engagiert bereit war, honorarfrei diese CD und Konzerte mit zu gestalten.

Thomas Plassmann, der uns seine tiefsinnigen Cartoons genauso kostenlos überlässt wie **Udo Lindenberg** und die anderen Autorinnen und Autoren ihre Geschichten.

den **Chormitgliedern**, die ihre Freizeit für Proben und Aufnahmen zur Verfügung gestellt haben und sehr frö-hölich für Sie singen.

allen, die dieses Buch mit CD kaufen und verschenken.

Für den Orgelbau- und Förderverein
St. Ansgar / Kleiner Michel e.V.

Norbert Hoppermann *Norbert Wieh*

Warum der Weihnachtsmann ein Mann ist

Roswitha Fröhlich

Der Weihnachtsmann ist ein Mann, weil, wenn er eine Frau wäre, müsste es Weihnachtsfrau heißen, und alle wären verunsichert. Auch flößt ein Mann mehr Respekt ein, da er eine laute Stimme hat und kräftiger gebaut ist, was sich besonders beim Tragen des Sackes als vorteilhaft erweist, welchen der Weihnachtsmann draußen im Walde herumschleppen muss. Ganz abgesehen davon, dass eine Weihnachtsfrau niemals einen so langen Bart aufweisen könnte, vertrete ich die Ansicht, dass eine Frau um die Weihnachtszeit Wichtigeres zu tun hat, als dem Mann auch noch dieses Privileg streitig zu machen. Weihnachtsmann bleibt Weihnachtsmann!

P.S. Auch mein Vater vertritt diese Auffassung.

DU MUSST MEHR
AN DICH GLAUBEN!!

Nikolaus oder Weihnachtsmann?

Sachinformationen von Gemeindereferent Norbert Wieh
Nikolaus und Weihnachtsmann von Thomas Plassmann

Beide sind recht spendabel
und tragen lange, weiße Bärte!

Der heilige Bischof Nikolaus (oben) geht meist zu Fuß, fährt aber auch gerne als Schutzpatron der Seeleute mit dem Schiff. Er lebte um 333 in der Hafenstadt Myra. Der Weihnachtsmann lebt in unserer Fantasie im schneereichen Finnland und fliegt lieber mit seinem Rentierschlitten.

Er schleppt seinen Geschenkesack meist selber, weil er keine starken bischöflichen Mitarbeiter hat. Zusammenfassend kann man sagen: Weihnachtsmänner sind nie nicht Bischöfe!
Bischöfe sind nie nicht Weihnachtsmänner!

Der Tag im Dezember

Gottfried Böttger

Der Scheibenwischer müht sich, die grauen Tropfen zu beseitigen; es scheint, als wäre irgendwo ein unendlicher Vorrat der bleiernen Feuchtigkeit vorhanden.

Wir schweigen, jeder ist mit seinen Gedanken allein.
Am Tor wartet eine lange Schlange von Müttern, Ehefrauen,
Geliebten, Söhnen, Töchtern. Sie alle wollen hinein
an diesem Tag, mittags, wollen ein bisschen
von dem Gefühl mitbekommen, das vielleicht
schon längst verschüttet geglaubt.

Der Einlass ist schleppend,
aber es wird niemand ungeduldig,
es hätte doch keinen Zweck.

Wir werden zu einem Seiteneingang gewunken, unsere Abfertigung geht schnell, verfolgt von sehnsüchtigen Blicken der Wartenden.

Wir sind bekannt hier, und ein leichtes Lächeln entsteht auf den Gesichtern der Begleitenden, als wir sagen, dass wir uns freuen; aber freuen wir uns wirklich? Das bedrückende Gefühl will nicht weichen, selbst als der Pastor uns herzlich willkommen heißt.

Aber da ist es nun, das erste Gittertor, durch das wir gehen müssen und das geschlossen wird, bevor das zweite, das dritte geöffnet wird. Immer tiefer geraten wir in eine Welt, aus der es eigentlich kein Entrinnen gibt, immer weiter geraten wir in das Innere einer Maschine, die wir nicht verstehen.

Das letzte Tor wird geöffnet, wir treten in den Saal, der an eine altersschwache Turnhalle erinnert. Aber auf der großen, hölzernen Bühne, auf der der alte Flügel trotzig wartet, stehen rechts und links zwei Tannen, einfach und liebevoll geschmückt. Auch ein Krippenspiel, woher auch immer, ist aufgebaut, und oben auf der Empore thronen die großen Pfeifen der alten Orgel.

Und da kommen sie: die Männer, einige laut und suchend, andere verlegen, erwartungsvoll. Wir werden begrüßt, als wenn wir uns gestern gerade verabschiedet hätten, als ob es das Natürlichste der Welt wäre, sich heute in einem riesigen, vergitterten Saal zu treffen.

Die Feierstunde soll beginnen, ich steige zur Orgel empor und fange auf dem alten, leicht verstimmten Instrument an zu spielen: »O du fröhliche …« Erst zaghaft, dann immer lauter setzt der Gesang ein. Und das Merkwürdige ist: Es klingt fröhlich!

Während der Predigt gehe ich leise herunter, setze mich an den Flügel. Audrey, die südafrikanische Sängerin, kommt zu mir und fängt mit ihrer dunklen Stimme leise an: »Sometimes I Feel Like a Motherless Child …« Es wird still in dem Saal mit den Männern, wir spüren die Gedanken, die Gefühle. Aber dann …

Die Stimme erhebt sich, fängt an zu strahlen, durchdringt die Mauern, die Gitter, die Panzer um die Herzen: »Give Me That Old Time Religion …« Und dann springen sie auf, sie tanzen, sie umarmen sich und singen aus voller Kehle mit: »Amen.«

Es ist ein Wunder, in dieser Umgebung nur mit einem Flügel und einer Stimme durchzudringen in das Innerste. Und es bleibt die Hoffnung, ein winziges Etwas bewegt zu haben an diesem Tag, dessen graue Tropfen der bleiernen Feuchtigkeit unentwegt die Scheiben herablaufen.

Weihnachten 1944

(Als ich keinen Urlaub bekam)
Heinz Erhardt

Wenn es in der Welt dezembert
und der Mond wie ein Kamembert
gelblich rund, mit etwas Schimmel
angetan, am Winterhimmel
heimwärts zu den Seinen irrt
und der Tag stets kürzer wird –
sozusagen wird zum Kurztag –
hat das Christkindlein Geburtstag!
Ach, wie ist man dann vergnügt,
wenn man einen Urlaub kriegt.

Andrerseits, wie ist man traurig,
wenn es heißt: »Nein, da bedaur ich!«

Also greift man dann entweder
zu dem Blei oder der Feder
und schreibt schleunigst auf Papier
ein Gedicht, wie dieses hier:

Vladimir Renčin

Die Berge, die Meere,
den Geist und das Leben
hat Gott zum Geschenk
uns gemacht;
doch uns auch den Frieden,
den Frieden zu geben,
das hat er nicht fertiggebracht!
Wir tasten und irren,
vergehen und werden,
wir kämpfen mal so
und mal so …
Vielleicht gibt's doch richtigen
Frieden auf Erden?
Vielleicht grade jetzt?
Aber wo? …

Himmlische Weihe

Winfried Thomsen

Als der liebe Gott den Kaufmann geschaffen hatte, fragte er ihn nach seinen Wünschen. »Ich wünsche mir«, war die Antwort, »ein schönes Geschäft, in dem ich schöne Geschäfte machen kann, und jedes Jahr ein Fest, an dem ich besonders schöne Geschäfte machen kann.«

Da schuf Gott das Weihnachtsfest.

Da bat ihn der Kaufmann, das Geschäft einzuweihen. Und Gott wandelte durch den Laden und freute sich über die vielen Angebote und Sonderangebote. Schließlich nahm er ein Marzipanschwein und aß es. »Sehr gut«, lobte er, »noch einen Wunsch?«

»2,35«, sagte der Kaufmann.

HAALLOOOO !!..

T. Plaßmann

Weihnachtszeit ist Kinderzeit

Lieber guter Weihnachtsmann,
schau mich nicht so böse an.
Gib mir die Geschenke her
und dann scher …

Die Kerzen brennen
am Weihnachtsbaum
und die Geschenke
sieht man kaum.

O Tannenbaum, o Tannenbaum,
der Weihnachtsmann will Äpfel klaun.
Er zieht sich grüne Kleidung an,
damit man ihn nicht sehen kann.

Ein Gedicht:

Kille, kille, Weihnachtsstille!
Der Gabentisch ist leer.
Die Kinder gucken doof einher.
Der Vater läßt ein'krachen.
Alle Kinder lachen.
So kann man auch mit kleinen Sachen
Kindern grooooße Freude machen!

Blatt aus dem Weihnachts-Archiv 1971

Weihnachten zu Hause

Agnes Hüfner

1) Ihr Kinderlein kommet o kommet doch all zur Krippe herkommet in Bethlehems Stall *Pst!* und seht was in dieser hochheiligen Nacht *Ruhe! Könnt ihr nicht mitsingen* der Vater im Himmel *na wird's bald* für Freude uns macht.

2) O seht in der Krippe *leg die Puppe jetzt endlich weg* im nächtlichen Stall *Hände auf den Tisch* seht hier *Kopf hoch* bei des Lichtleins hellglänzendem *zieh nicht so'n Gesicht* Strahl in reinlichen Windeln *du wäschst dir aber gleich mal die Hände* das himmlische Kind *Schmutzfink* viel schöner *abscheulich* und holder *und die Fingernägel* als Englein *pfui Teufel* es sind.

3) Da liegt es *lümmel dich nicht so rum* das Kindlein auf Heu *das gute Sofa* und auf Stroh *war teuer genug* Maria *ich muss das schließlich wieder sauber machen* und Joseph *du könntest deinen Kindern auch mal was sagen* betrachten es froh *immer*

hab ich den Ärger die redlichen *ich geb' mir doch bei Gott* genug *Mühe* Hirten *racker mich ab* knien betend *auf den Knien* davor *für euch* hoch oben *aber ihr* schwebt jubelnd *rotzfrech* der Engelein *Flegel* Chor. (Mel.: CD Track 20)

Die Weihnachtsgeschichte

ERZÄHLT VON UDO LINDENBERG

Maria und Joseph waren schon 'ne Weile verlobt, da sagte Maria eines Tages: »Du, Joseph, ich weiß ja auch nicht wieso, aber ich glaube, ich bin ein bisschen schwanger. Was machen wir denn jetzt?« Das war so im Juni. »Junge, Junge, das is'n Ding, dachte Joseph. Mit wem hat die sich denn hinter meinem Rücken eingelassen? Da werd ich mich doch sofort entloben, eigentlich schade.« Weil es aber schon ziemlich spät war und ihn die ganze Sache ganz schön mitgenommen hatte, sagte er sich: »Okay! Ich entlobe mich erst morgen«, und legte sich erst einmal ins Bett.

Was'n Glück, denn genau in der Nacht erschien ihm auf einmal ein Engel. Der stand vor seinem Bett, schimmerte und sagte: »Also Joseph, alter Junge, ich bin der Engel des Herrn und die Sache mit deiner Braut geht in Ordnung. Das war kein Hausfreund, sondern der Heilige Geist persönlich, und der Sohn, der da rauskommen wird, ist tierisch wichtig, damit das Volk und überhaupt die Welt endlich mal von den ganzen Sünden erlöst wird. Das muss ja auch mal sein – also heirate die Maria und nenn das Kind Jesus. Alles klar? Okay. Tschüss«. Und damit schwebte der Engel wieder los.

Joseph war platt. Aber er machte, was der Engel gesagt hatte, und alles lief normal weiter, bis eines Tages der Kaiser, so Anfang Dezember, auf die Idee mit der Volkszählung kam. Es musste sich also jeder in seinem Geburtsort melden. Und weil Joseph aus Bethlehem war, mussten sie dahin, obwohl das 'ne ganz schöne Ecke zu laufen war.

»Scheißbürokraten«, schimpfte Joseph,
»mit uns können's die da oben ja machen.
Also los, Maria. Es hilft nix. Pack die Koffer.«

Am 24. Dezember war's dann so weit. Maria merkte, dass sie wohl heute das Kind kriegen würde, und Joseph rannte los, rannte sich den Arsch ab, um in dem überfüllten Bethlehem 'ne Bleibe aufzutreiben. Aber für ein Hotel langte die Kohle nicht. Krankenhäuser gab's keine und die billigen Gasthäuser waren rappelvoll.

Es war tierisch kalt und bis zum Abend hatte er nichts gefunden als einen Stall, den ihm ein Bauer angeboten hatte, der sich dachte: »Na ja, für die Ausländer geht das schon. Die können ruhig zu den Eseln und Kühen. Die sind sowieso nix Besseres gewohnt.«

Maria fand das überhaupt nicht gut, aber was sollte sie machen? Also blieben sie in dem Stall, wärmten sich ein bisschen an den Tieren, die da 'rumstanden und warteten, bis das Kind geboren wurde.

»Scheißkalt ist das heute«, sagte grade ein Hirte zu seinen Kollegen, mit denen er draußen auf dem Felde ums Feuer saß und auf die Schafe aufpasste, als ihm dieser komische Stern auffiel. Auch seine Kumpels hatten so'n Ding noch nie gesehen. Riesengroß mit einem mordslangen Kometenschweif hinten dran.

»Das is' ja'n Hammer! Wenn das nix zu sagen hat!?«, meinten die Hirten noch, als es auf einmal unheimlich hell wurde und dieser Engel (derselbe, der den Joseph besucht hat) erschien. Gleich mit Riesenorchester und mit Chor und allem Drum und Dran.

Die Hirten waren völlig von den Socken, aber da sagte der Engel schon: »Jungs, keine Angst, ich hab 'ne göttliche Nachricht für euch. (Und der Chor sang im Hintergrund immer mit.)

Ihr wolltet doch schon immer einen Erlöser, so einen richtig guten Typen, der für alles zuständig ist, euch die Sünden abnimmt, einen, der vom Himmel kommt und hier mal endlich Frieden schafft, den euch die Könige immer nur versprechen, wenn sie sich selbst ernennen, stimmt's?

Seht ihr, jetzt habt ihr einen. Grade ist er geboren worden, er ist noch ziemlich klein und liegt in einem Futtertrog in einem Stall. Aber das ist der, auf den ihr immer gewartet habt. Jesus heißt er. Lasst eure Schafe mal 'ne Stunde alleine und geht hin zum Gratulieren.«

Da verschwand der Engel mit dem Chor und der ganzen Lightshow und die Hirten gingen los, um das heilige Kind zu suchen.

Als die in dem Stall ankamen, lag das Kind wirklich in einem Futtertrog und sie gratulierten Maria und Joseph und freuten sich alle und es war ein ziemliches Gedränge und eine Riesenstimmung in dem Stall.

Etwas später trudelten auch drei Weise aus dem Morgenland ein und brachten Geschenke für das Kind. Die drei waren nämlich Hobbyastronomen und schon tagelang unterwegs, hinter dem seltsamen Stern mit dem Riesenschweif her. Und sie hatten sich gedacht, dass da was Besonderes los sei.

Auf dem Hinweg waren sie übrigens bei König Herodes vorbeigekommen, der aus anderer Quelle erfahren hatte, dass da so ein Konkurrenzkönig geboren werden sollte und schon ganz hektisch war, weil er Angst hatte, dass seine Pläne dadurch ruiniert werden könnten und deshalb dem Kind gleich ans Leben wollte. Er hatte deshalb die drei Weisen beauftragt, auf dem Rückweg zu beschreiben, wo das Kind sei, damit er auch gleich hinfahren und gratulieren konnte (von wegen!).

Aber Gott-sei-Dank waren die drei ganz gute Menschenkenner. Außerdem hatten sie Ahnung von Politik und nahmen, weil sie den Braten schon gerochen hatten, einfach einen anderen Rückweg, so dass Maria und Joseph und das Kind in Ruhe in ihrem Stall Weihnachten feiern konnten.

Und heute schiebt Jesus mit inzwischen verheilten Händen und Füßen die Wolken zur Seite und guckt sich den kranken Weihnachtszirkus hier unten an und denkt: »Diese traurigen, scheinheiligen Christen, lamettabehangene Alibi-Abholer einmal im Jahr. Wie soll ich das bloß wieder unserem Vater klarmachen?«

Booklet der Audio-CD

Frö-höliche Weihnacht

Beswingtes zum Fest

Gottfried Böttger und Norbert Hoppermann
Ephata-Togo-Chor und Vokalensemble conSonanz

1 Weihnachtsglocken des Kleiner Michel (e'-g'-a'-c')

2 »Fröhliche Weihnacht überall« (Vokalensemble conSonanz)

Fröhliche Weihnacht überall, tönet durch die Lüfte froher Schall,
Weihnachtston, Weihnachtsbaum, Weihnachtsduft in jedem Raum!
Fröhliche Weinacht überall, tönet durch die Lüfte froher Schall.

1. Darum alle stimmet in den Jubelton;
   denn es kommt das Licht der Welt von des Vaters Thron.

2. Licht auf dunklem Wege, unser Licht bist du;
   denn du führst, die dir vertraun, ein in sel'ge Ruh.

3. Was wir andern taten, sei getan für dich,
   dass bekennen jeder muss: Christkind kam für mich

T. August Heinrich Hoffmann von Fallersleben
M. England, 19. Jh. | Arr. Norbert Hoppermann

3 Jingle (Orgel)

4 »Stille Nacht« (Gottfried Böttger, Piano)

M. Franz Gruber | Arr. Gottfried Böttger

5 Jingle (Chor)

6 »Dzidzo noli, dzidzo noli!« (Ephata-Togo-Chor)

1. *Ɖidzo noli, dzidzo noli!*
E tso dzidzo gà de vɛ.
Amewokatà kpo dzidzo
Le Krito ha gà la me.
Kafu kafu woa na Mawu!
Nutifafa na nɔ amewodome!
Wodzi Afeto dela na mi,
le Ɖavid fe du la me.

Freudenzeit! Freudenzeit!
Er brachte große Freude.
Alle Menschen sind glücklich,
die ganze Christenschar.
Lobet Gott! Preiset Gott!
Friede sei den Menschen.
Der Herr, der Erlöser ist geboren
aus David's Stamm.

2. *Bosomikadi le bibim,*
Ɖidzoti la le keklem,
Eye fe kekle la katà
Yo miafe dziwo me ken.
Kafu kafu woa na Mawu! …

Kerzenlicht brennt.
Weihrauch duftet.
Sein Licht strahlt
in unserm Herzen.
Lobet Gott! Preiset Gott! …

3. *Ke dzidzo sia yina kaba,*
Kadi hà tsina babla!
Yesu ko ate nu ana
Ɖidzo mavomavo la.
Kafu kafu woa na Mawu! …

Freude schnell vergeht,
die Lampe schnell erlischt.
Jesus kann es machen,
dass diese Freude ewig bleibt.
Lobet Gott! Preiset Gott! …

T. + M. Togolesisches Kirchenlied

7 Jingle (Clavichord)

8 »Here we come a-wassailing« (Norbert Hoppermann, Orgel)

M. englische Volksweise, 19. Jh. | Arr. Norbert Hoppermann
Dieses Lied singend zieht man in England mit einem Becher in der Hand zu Neujahr von Tür zu Tür. Zur Belohnung für den gesungenen Segenswunsch wird reichlich gemeinsam gegessen und getrunken. Ein guter, frö-hölicher Weihnachtsbrauch!

9 Jingle (Piano)

10 »Cantate Domino« (Vokalensemble conSonanz)

Cantate Domino canticum novum.
Annuntiate inter gentes gloriam eius.

Singet dem Herrn ein neues Lied.
Kündet unter den Völkern seine Herrlichkeit.

T. Psalm 98
M. + Arr. Norbert Hoppermann

11 Jingle (Orgel)

12 »Leise rieselt der Schnee« (Gottfried Böttger, Piano)

M. Eduard Ebel
Arr. Gottfried Böttger

13 Jingle (Chor)

14 »Wo dzi via de na mi« (Ephata-Togo-Chor)

//:Woɖzi via ɖe na mi,
wona nutsuvia ɖe mi.://

Ɖziɖuɖu ano abotane, woa yo efe nko be,
Gbagbe la, nuseto Mawu kaleto,
//: Fofo mavo nutifafa Fia.://

Ein Kind ist uns geboren,
ein Sohn ist uns geschenkt;

auf seinen Schultern ruht das Reich.
Lebendig ist Gott, der alles erschaffen hat,
der König des Friedens.

T. + M. Togolesisches Kirchenlied

15 Jingle (Clavichord)

16 »Neapolitanisches Wiegenlied« (Norbert Hoppermann, Orgel)

M. Volksweise
Arr. Norbert Hoppermann

17 Jingle (Cembalo)

18 »Transeamus usque Bethlehem« (Vokalensemble conSonanz)

Transeamus usque Bethlehem
et videamus hoc verbum
quod factum est:

Mariam et Ioseph et infantem
positum in praesepio.

Gloria in excelsis Deo.
Et in terra pax hominibus
bonae voluntatis.

Lasst uns nach Betlehem gehen
und dort das Wort sehen,
das Wirklichkeit geworden ist:

Maria, Josef und das Kind,
das man in die Krippe gelegt hat.

Ehre Gott in der Höhe
und auf der Erde Friede den Menschen
guten Willens.

T. Evangelium nach Lukas, Kapitel 2, Verse 14 und 15
M. Joseph Ignaz Schnabel (1767 – 1831) | Klavierbearbeitung: Norbert Hoppermann

19 Jingle (Orgel)

20 »Ihr Kinderlein kommet« (Gottfried Böttger, Piano)

M. Johann Abraham Peter Schulz (1747 – 1800)
Arr. Gottfried Böttger

21 Jingle (Orgel)

22 »Wo dzi dela na mi« (Ephata-Togo-Chor)

Wo ɖzi ɖela na mi,
Miva mia yi kpoe.
Wo ɖzi ɖela na mi,
Miva mia yi suboe.

Le Betlehem Ɖaviɖ ƒe ɖu la me,
Le Betlehem lawo ƒe mloƒe.

Nutikokoe na Mawu le ɖziƒo,
Nutikokoe na amegbotoeo kàta.

Für uns ist der Herr geboren.
Kommt, lasst uns zu ihm gehen.
Für uns ist der Herr geboren.
Kommt, lasset uns anbeten.

in Bethlehem, in Davids Stadt,
in Bethlehem im Stall.

Ehre sei Gott in der Höhe.
Und auf Erden Frieden allen Menschen.

T. + M. Togolesisches Kirchenlied

23 Jingle (Piano)

24 »Un flambeau, Jeanette, Isabella« (Norbert Hoppermann, Orgel)

M. aus Frankreich
Arr. Norbert Hoppermann

25 Jingle (Cembalo)

26 »Noël nouvelet« (Vokalensemble conSonanz)

Noël nouvelet, Noël chantons ici
devotes gens, crions a Dieu merci
Chantons Noël pour le Roi nouvelet
Noël nouvelet, Noël chantons ici.

L'Ange disait. Pasteurs partez d'ici!
L'âme en répos et le coeur réjoui.
En Bethléem trouverez l'agnelet.

Noël nouvelet, Noël chantons ici.

Wieder ist Weihnacht! Lasst uns singen,
gläubige Menschen, und Gott danken!
Singt ein Lied dem neugeborenen König!
Noël nouvelet …

Der Engel sprach: Hirten, eilt,
die Seele in Frieden, das Herz in Freude!
In Betlehem werdet ihr
das Lämmlein finden!
Noël nouvelet …

En Bethléem, étant tous réunis,
trouverent l'enfant, Joseph, Marie aussi.
La créche était au lieu d'un bercelet.
Noël nouvelet, Noël chantons ici.

In Betlehem alle vereint,
fanden sie das Kind, auch Josef und Maria.
Statt in einer Wiege, lag es in einer Krippe.
Noël nouvelet …

T. + M. aus Frankreich
Arr. Norbert Hoppermann

27 Jingle (Orgel)

28 »Tochter Zion« (G. Böttger, Clavichord, und N. Hoppermann, Cembalo)

M. Georg Friedrich Händel (1747)
Arr. Norbert Hoppermann und Gottfried Böttger

29 Jingle (Orgel)

30 »Lasst uns froh und munter sein« (Gottfried Böttger, Piano)

M. Volksweise
Arr. Gottfried Böttger

31 Jingle (Chor)

32 »Morgen kommt der …« (G. Böttger, Piano, N. Hoppermann, Orgel)

T. Heinrich Hoffmann von Fallersleben (1798–1874) *1. Strophe: Morgen kommt der Weihnachtsmann, kommt mit seinen Gaben. Trommel, Pfeifen und Gewehr, Fahn' und Säbel und noch mehr, ja, ein ganzes Kriegesheer möcht ich gerne haben.* Dieses Lied wird zum Fest des Friedens von unsern Chören nicht gesungen!
M. französisches Salonlied, später Kinderlied »Ah vous dirai-je, Maman«
Arr. Gottfried Böttger und Norbert Hoppermann

33 Jingle (Cembalo)

34 »Das Reiträppchen« (Vokalensemle conSonanz)

T. Original unbekannt, Spezialtext von Norbert Hoppermann
M. + Arr. Norbert Hoppermann

Thema mit Variationen

Original:
Ein Räppchen zum Reiten,
ein Püppchen zum Kleiden,
ein Kutschchen zum Fahren,
ein Büchschen zum Sparen,
zum Kochen ein Küchlein,
zum Lesen ein Büchlein,
viel Steine zum Bauen,
viel Äpfel zum Kauen,
ein Geiglein zum Greifen,
ein Flötlein zum Pfeifen,
ein Glöcklein zum Klingen
wird's Christkind bringen.

Variation 1:
Ein Räppchen zum Fahren,
ein Püppchen zum Sparen,
ein Kutschchen zum Küchlein,
ein Büchschen zum Büchlein,
zum Kochen die Sterne,
zum Lesen vier Schweine,
viel Geiglein zum Bauen
und Flötlein zum Kauen,
ein Glöcklein zum Greifen,
das Christkind zum Pfeifen,
zum Reiten und Klingen,
zum Kleiden und Bringen.

Variation 2:
Ein Küchlein zum Reiten,
ein Büchlein zum Kleiden,
viel Steine zum Fahren,
viel Äpfel zum Sparen,
ein Geiglein zum Kochen,
ein Flötlein zum Lesen,
ein Glöcklein zum Bauen,
das Christkind zum Kauen,
ein Räppchen zum Greifen,
ein Püppchen zum Pfeifen,
ein Kutschchen zum Klingen,
ein Büchschen zum Bringen.

Kontrapunkt:
Das Christkind,
ein Glöcklein,
ein Flötlein,
ein Geiglein,
viel Äpfel,
viel Steine,
viel Büchlein,
viel Küchlein,
ein Büchschen,
ein Kutschchen,
ein Püppchen,
ein Räppchen
zum Reiten und Kleiden,
zum Fahren und Sparen,
zum Kochen und Lesen,
zum Bauen und Kauen,
zum Greifen und Pfeifen,
zum Klingen und Bringen.

Choral:
P. S.:
Als dieser kleine Wunschzettel
das Christkind tat erreichen,
da schickt es einen Brief zurück –
mit lauter Fragezeichen.

35 Jingle (Orgel)

36 »Sometimes I feel like a motherless child« (Gottfried Böttger, Piano)

M. Sklaven brachten die Melodie dieses Ur-Gospels aus dem heutigen Grenzgebiet Togo / Ghana, wo Mitglieder des Ephata-Togo-Chores herkommen, nach Amerika. Themen sind der Verkauf von Sklavenkindern, Heimatlosigkeit und die Ferne Gottes.
Arr. Gottfried Böttger

37 Jingle (Clavichord)

38 »A la berline postiljon« (Vokalensemble consonanz)

Wij komen van Oosten, wij komen van ver
A la berline postiljon *
Wij zijn er drie koningen met éne ster
A la berline postiljon.

Van cher ami, tot in de knie –
Wij zijn drie koningskinderen
Sapater trok naar Vendelo, van cher ami. **

Gij sterre, gij moet er zo stille niet staan
A la berline postiljon
Gij moet er met ons naar Bethlehem gaan
A la berline postiljon, van cher ami …

Te Bethlehem in die schone stad
A la berline postiljon
Maria met haar klein kindeken zat
A la berline postiljon.

Wij hebben gezongen al voor dit huis
A la berline postiljon
Geef ons een penning,
dan gaan we weer naar huis
A la berline postiljon, van cher ami …

Von Osten kommen wir her, von fern,
A la berline postiljon. *
Wir sind drei Könige mit einem Stern.
A la berline postiljon.

Von cher ami bis in die Knie –
Wir sind drei Königskinder,
Sapater trok naar Vendelo, van cher ami. **

Du Stern, du sollst nicht auf der Stelle stehn, –
A la berline postiljon
du musst mit uns nach Betlehem gehn. –
A la berline postiljon, van cher ami …

Zu Bethlehem in der schönen Stadt -
A la berline postiljon
Maria mit ihrem Kind gesessen hat. -
A la berline postiljon.

Das Lied, das wir singen, ist hiermit aus.
A la berline postiljon
Gebt uns etwas Geld,
dann gehen wir nach Haus.
A la berline postiljon, van cher ami …

* Gemeint ist der Postillion auf den »Berlinern« – den Postkutschen, die von Berlin (aus dem »fernen« Osten) im Linienbetrieb nach Paris fuhren.

** Verballhornungen aus dem Französischen (wie man sie vermutlich von den Postkutschkasteninsassen kannte) mit niederländischen Kinderreimen; der »Sapater« könnte allerdings einen realen Hintergrund haben, immerhin gibt es ihn als Speisefisch Chloroscombrus chrysurus aus der Familie der Barsche im Atlantik zu besichtigen. »Vendeloo« taucht hingegen selten als Familienname niederländischen Ursprungs auf, einziger präsentabler Hinweis in der Recherche des Verfassers ist eine Bushaltestelle am Hessenweg östlich von Amersfoort / NL.

T. + M. aus den Niederlanden
Arr. Norbert Hoppermann

39 Jingle (Piano)

40 »Les trois mages« (Norbert Hoppermann, Orgel)

T. + M. aus Frankreich
Arr. Norbert Hoppermann

41 Jingle (Chor)

42 »O du fröhliche«

Johann Daniel Falk hatte durch eine Typhusepidemie vier seiner sieben Kinder verloren. Unter diesem Eindruck gründete er in Weimar ein Haus für verwahrloste Kinder. Für sie dichtete er auf die Melodie eines sizilianischen Marienliedes einen Text, der ursprünglich alle drei Hauptfeste des Kirchenjahres beschreibt:

1. O du fröhliche, o du selige,
gnadenbringende Weihnachtszeit!
Welt ging verloren, Christ ist geboren:
Freue, freue dich, o Christenheit!

2. O du fröhliche, o du selige,
Gnaden bringende Osterzeit!
Welt lag in Banden, Christ ist erstanden:
Freue, freue dich, o Christenheit!

3. O du fröhliche, o du selige,
Gnaden bringende Pfingstenzeit!
Christ unser Meister, heiligt die Geister:
Freue, freue dich, o Christenheit!

1. O du fröhliche, oh du selige,
gnadenbringende Weihnachtszeit!
Welt ging verloren, Christ ist geboren:
freue, freue dich, o Christenheit!

2. O du fröhliche, o du selige,
gnadenbringende Weihnachtszeit!
Christ ist erschienen, uns zu versühnen:
freue, freue dich, o Christenheit!

3. O du fröhliche, o du selige,
gnadenbringende Weihnachtszeit!
Himmlische Heere jauchzen dir Ehre:
freue, freue dich, o Christenheit!

T. 1. Strophe: Johann Daniel Falk (1816) | 2 + 3 Strophe Heinrich Holzschuher (1829)
1 – 3 Strophe auf Ewe: Togolesisches Kirchenlied
M. aus Sizilien »O sanctissima« | Klavierbearbeitung: Gottfried Böttger

13 Jahre später dichtete Falks Gehilfe Heinrich Holzschuher die zweite und dritte Strophe in die heute bekannte Form um. Einige eifrige Seelsorger bemerken jedoch an dieser Stelle, dass es angesichts der bei den Weihnachtsgottesdiensten anwesenden Zielgruppe durchaus nützlich und heilsam sein könne, wieder zum Urtext zurückzukehren. Schließlich rufe mancher Pfarrer den aus der Christmette Strömenden noch ein wehmütiges »Frohe Ostern, frohe Pfingsten und schöne Sommerferien« hinterher.

Ɖzifonyonua,
Ɖomefafato ɖetugbui nyuie, Maria.
Nyonu yayirato, Le towo ɖome
Ɖo gbe ɖa, ɖo gbe ɖa ɖe miata.

Ɖetugbui lafe,
Nyonufia kokoe, ɖo to mi o Maria,
Mieɖo gli na wo, Miekpo mo na wo
Ɖo gbe ɖa, ɖo gbe ɖa ɖe miata.

Wò mia kofala
Kple miaɖzuɖzo, Ɖetugui nyuie Maria!
Nu siwo mieɖzrona, etsoa wo na mi.
Ɖo gbe ɖa, ɖo gbe ɖa ɖe miata

O du fröhliche,
du junge Frau mit weitem Herzen, Maria.
Gesegnet bist du unter den Frauen.
Bitte für uns.

Du junge Frau,
du reine Frau, erhöre uns, Maria!
Wir rufen zu dir. Wir hoffen auf dich.
Bitte für uns.

Du Selige,
unsere Freude, junge Frau, Maria!
Du gibst uns alles, um was wir bitten.
Bitte für uns.

Deutsche Missionare brachten dieses Weihnachtslied nach Togo.
Wenn ein Kind in Togo geboren wird, wird besonders die Mutter gelobt.
Nach den Geburtsschmerzen bricht die Freude aus. Sie hat uns ein Kind geschenkt.
Ewe und deutsch auf eine sizilianische Melodie gesungen: Weihnachten ist weltweit.

Professor Gottfried Böttger
geboren 1949 | »Klavierspieler des Jahres 2006« | pianistischer Allrounder der Extraklasse | Jazz-Ikone | Mitbegründer und Piano-Mann von Lindenbergs Panikorchester | »Drei nach Neun«-Legende | Komponist für Filme von Tatort bis Großstadtrevier | Dozent für Computerdidaktik im Bereich »Computer, Sprache und Musik« an der Hamburger Universität | Förderer der Chöre am Kleinen Michel | u. a.

Regionalkantor Norbert Hopppermann
geboren 1969 | leitet die C-Kirchenmusikausbildung des Erzbistums Hamburg | unterrichtet dort u. a. Chorleitung, Orgel, Improvisation und Tonsatz | Orgelsachverständiger | Leiter der Ensembles Cantico und conSonanz | Verfechter einer großen Bandbreite an gottesdienstlicher Musik von Gregorianik bis Neuem Geistlichen Lied | konzertiert leidenschaftlich als Dirigent, Organist und Cembalist | Komponist | u. a.

Gemeindereferent Norbert Wieh
geboren 1953 | hanseatischer Kaufmann | Gemeindereferent in der Innenstadtgemeinde St. Ansgar/ Kleiner Michel | begeisterter Bettler um Geschichten, Cartoons und Musik für den guten Zweck | Vorsitzender des Orgelbau- und Fördervereins St. Ansgar/ Kleiner Michel e.V. | u. a.

Zweck unseres gemeinnützigen Orgelbau- und Fördervereins
ist die Förderung der Kirchenmusik und anderer kultureller Veranstaltungen insbesondere von Orgel-, Chor- und Orchesterkonzerten, die vornehmlich in der St. Ansgar-Kirche/ Kleiner Michel, Hamburg-Neustadt, stattfinden.
Spendenkonto: Nummer 18 230 000, BLZ 472 603 07
bei der Bank für Kirche und Caritas eG, Paderborn

Norbert Hoppermann Vocalensemble conSonanz G. Böttger/N.Hoppermann

Vocalensemble conSonanz

Anne Gidion, Franziska Hoppermann, Tamara Ritsch, Christina Schäfer-Hesse, Leonie Kinscher, Carola Sachs, Annemie Schmitz-Valckenberg, Nils Ascheberg, Gerrit Hesse, Tim Orthmann, Maximilian Schwoch, Max Heyn, Norbert Hoppermann (Chorleiter), Dominik Stoltz

Ephata-Togo-Chor

Dominique Kossi Blewussi (Chorleiter), Albert Zekpa (Saxophon), Jeannette Ayaovi Agbogbo, Victoria Sossou Rullmann, Jeanne Abla Awagah, Yolande Amissah, Franziska Amedoame, Felicia Schwenninger, Libbe Denis Sobo, Eric Kokou Setodji, Thony Fiaye Elhor, Attomety Simon Polo, Edem Kodjo Ehon

Informationen/Kontakt

Aufgenommen wurden die Musikstücke alle rechtzeitig vor dem Weihnachtsfest 2008 im Kleinen Michel, bei Gottfried Böttger und im Gewölbe von Alt-Nikolai in Hamburg. Termine von Konzerten und Gottesdiensten mit den Chören und Musikern im Kleinen Michel oder für Sie bei Ihnen, Kontakt- und Buchungsmöglichkeiten, Aufbau/Register der historischen Mauracher-Orgel von 1890 und Klangbeispiele, Informationen über weitere auf der CD zu hörende Instrumente, Bestellmöglichkeit für dieses Buch mit CD und weiterer Geschenkbücher/CDs, … Das alles und noch mehr finden Sie bei uns im Internet unter www.boettger.net oder www.kleiner-michel.de.

G. Böttger, Orgel/N. Hoppermann, Klavier   Ephata-Togo-Chor   Tonmeister Kai Markus Tegtmeier

LETZTER AUFRUF

Bibliografische Informationen der Deutschen Nationalbibliothek
Die Deutsche Nationalbibliothek verzeichnet diese Publikation in der Deutschen Nationalbibliografie; detaillierte bibliografische Daten sind im Internet über http://dnb.d-nd.de abrufbar.

Trotz intensiver Bemühungen war es leider nicht in allen Fällen möglich, den/die Rechtsinhaber/in ausfindig zu machen. Für Hinweise sind wir dankbar. Rechtsansprüche bleiben gewahrt.

Quellenangaben Buch: Gottfried Böttger, Roswitha Fröhlich, Agnes Hüfner, Norbert Hoppermann (im Booklet), Udo Lindenberg, Winfried Thomsen, Thomas Plassmann, und Norbert Wieh haben ihre Texte kostenlos zur Verfügung gestellt. DANKE!
Heinz Erhardt, »Weihnachten 1944« aus: Das große Heinz Erhardt Buch, Hannover 1970
Bernhard Schoppa (Wo mag er zurzeit wohl leben?) zeichnete in Wachsmatrizen u.a. Schneemänner, Kerzen, Weihnachtsbäume und die Familienidylle auf Seite 19, welche in Wieh's Weihnachtsarchiv von 1971 lagerte. Fotos: Norbert Wieh

Quellennachweis CD: im Booklet und unter www.kleiner-michel.de

1. Auflage

Umschlaggestaltung: Init GmbH, Bielefeld
Satz: PER Medien+Marketing GmbH, Braunschweig
Aufnahmetechnik: Tonschnör Medienproduktion, Kai Markus Tegtmeier, Ohlweg 4a, 21376 Garlstorf, www.tonschnoer.info
Druck und Einband: Těšínska tiskárna, a.s., Česky Těšín
Printed in Czech Republic
ISBN 978-3-579-07218-0

www.gtvh.de

Frö-höliche Weihnacht

1	Weihnachtsglocken | Kleiner Michel	[00:54]
2	»Fröhliche Weihnacht überall« | Chor	[01:51]
3	Jingle | Orgel	[00:26]
4	»Stille Nacht« Gottfried Böttger, Piano	[02:53]
5	Jingle | Chor	[00:22]
6	»Dzidzo noli, dzidzo noli!« | Chor	[03:01]
7	Jingle | Clavichord	[00:13]
8	»Here we come awassailing« Norbert Hoppermann, Orgel	[01:38]
9	Jingle | Piano	[00:11]
10	»Cantate Domino« | Chor	[02:53]
11	Jingle | Orgel	[00:13]
12	»Leise rieselt der Schnee« Gottfried Böttger, Piano	[00:58]
13	Jingle | Chor	[00:15]
14	»Wo dzi via de na mi« | Chor	[02:50]
15	Jingle | Piano	[00:11]
16	»Neapolitanisches Wiegenlied« Norbert Hoppermann, Orgel	[01:41]
17	Jingle | Cembalo	[00:11]
18	»Transeamus usque Bethlehem« | Chor	[02:56]
19	Jingle | Orgel	[00:32]
20	»Ihr Kinderlein kommet« Gottfried Böttger, Piano	[03:01]
21	Jingle | Orgel	[00:12]
22	»Wo dzi dela na mi« | Chor	[05:36]
23	Jingle | Piano	[00:11]
24	»Un flambeau, Jeanette, Isabella« Norbert Hoppermann, Orgel	[02:32]
25	Jingle | Cembalo	[00:16]
26	»Noel nouvelet« | Chor	[02:58]
27	Jingle | Orgel	[00:12]
28	»Tochter Zion« G. Böttger und N. Hoppermann	[02:01]
29	Jingle | Orgel	[00:13]
30	»Lasst uns froh und munter sein G. Böttger, Clavichord	[02:30]
31	Jingle | Chor	[00:10]
32	»Morgen kommt der …« G. Böttger, Piano N. Hoppermann, Orgel	[03:00]
33	Jingle | Cembalo	[00:09]
34	»Das Reiträppchen« | Chor	[02:32]
35	Jingle | Orgel	[00:19]
36	»Sometimes I feel …« Gottfried Böttger, Piano	[03:34]
37	Jingle | Clavichord	[00:13]
38	»A la berline postiljon« | Chor	[02:14]
39	Jingle | Piano	[00:08]
40	»Les trois mages« Norbert Hoppermann, Orgel	[01:28]
41	Jingle | Chor	[00:19]
42	»O du fröhliche« | alle	[03:31]

Gesamtlänge der CD: **[65:17]**

43	Bonus-Track: »Deck the hall« N. Hoppermann, Orgel und …	[01:15]